escuela - sukuu	2
viaje - akwantuo	5
transporte - ɛhyɛn	8
ciudad - kuropɔn	10
paisaje - asaase	14
restaurante - adidibea	17
supermercado - dwakɛseɛmu	20
bebida - nsa	22
comida - aduane	23
granja - afuo	27
casa - efie	31
cuarto de estar - ɛdan a wɔtena mu	33
cocina - gyaade	35
cuarto de baño - adwareɛ	38
cuarto de los niños - abɔfra dan mu	42
vestimenta - ataadeɛ	44
oficina - ɔfise	49
economía - sikasem	51
ocupaciones - nnwuma ahodoɔ	53
herramientas - akadeɛ	56
instrumentos musicales - mfidie a wɔde bɔ nnwom	57
zoológico - mmoakurabea	59
deporte - agokansie	62
actividades - dwumadie ahodoɔ	63
familia - abusua	67
cuerpo - nipadua	68
hospital - asopiti	72
emergencia - putupru	76
Tierra - Ewiase	77
reloj - mmerɛ kyerɛfoɔ	79
semana - nnawɔtwe	80
año - afe	81
formas - bɔbea	83
colores - ahosuo	84
opuestos - abirabɔ	85
números - nɔma	88
idiomas - kasa ahodoɔ	90
quién / qué / cómo - hwan/aden/ sɛn	91
donde - hefa	92

Impressum
Verlag: BABADADA GmbH, Nedderfeld 112 , 22529 Hamburg
Geschäftsführer / Verlagsleitung: Harald Hof
Druck: Books on Demand GmbH, In de Tarpen 42, 22848 Norderstedt

Imprint
Publisher: BABADADA GmbH, Nedderfeld 112 , 22529 Hamburg, Germany
Managing Director / Publishing direction: Harald Hof
Print: Books on Demand GmbH, In de Tarpen 42, 22848 Norderstedt

escuela
sukuu

- dividir — kyɛmu
- mesa — bɔɔdo
- aula — adesua dan mu
- patio de escuela — sukuu asaase
- docente — ɔkyerɛkyerɛni
- papel — krataa
- escribir — twerɛ
- bolígrafo — twerɛdua
- escritorio — pono
- regla — susudua
- libro — nwoma
- alumno — sukuuni

mochila escolar
baage

caja de lápices
adeɛ wɔde twerɛdua hyɛ mu

lápiz
twerɛdua

sacapuntas
adea wɔde sensene twerɛdua ano

goma de borrar
rɔba

bloc de dibujo
drɔɔwin nkrataa

dibujo
drɔɔwin

pincel
adeɛ a wɔde bɔ akaadoo mu

caja de pinturas
akaadoo adaka

tijera
apasoɔ

pegamento
aduro a wɔde sɔ nnooma bɔ mu

libro de ejercicios
krataa wɔyɛ dwumadie wɔ mu

tarea
efie adwuma

número
nɔma

sumar
ka bom

restar
te frim

multiplicar
fabaho

calcular
bo ho nkonta

letra
atwerɛdeɛ

alfabeto
atwerɛdeɛ

palabra
asɛm

escuela - sukuu

texto
atwerɛ

leer
kan

tiza
chalk

lección
adesua

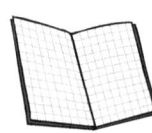
libro de clase
krataa a din ahodoɔ wɔ mu

examen
nsɔhwɛ

certificado
nimdeɛ krataa

uniforme escolar
sukuu ataadeɛ

educación
adesua

enciclopedia
encyclopedia

universidad
suapon kɛseɛ

microscopio
afidie a wɔde hwɛ adeɛ aniwa ntumi nhunu

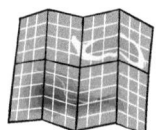
mapa
asaase mfonin a ɛwɔ krataa so

cesto de papeles
kɛntɛn a wɔde krataa na ayɛ a wɔde nwura gu mu

escuela - sukuu

viaje

akwantuo

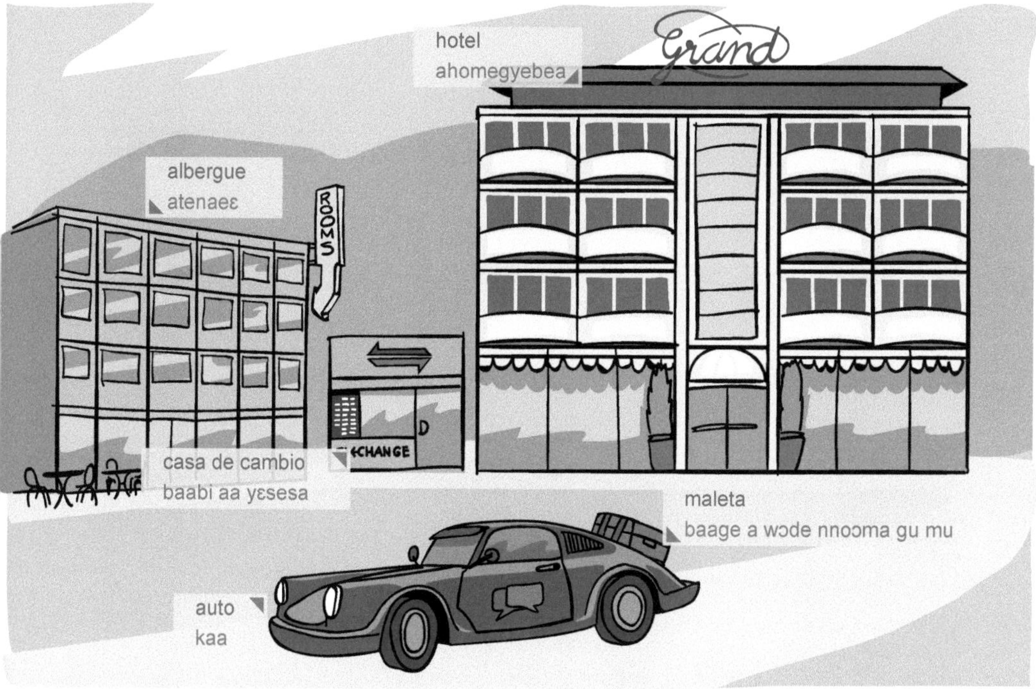

hotel
ahomegyebea
Grand
albergue
atenaeɛ
ROOMS
casa de cambio
baabi aa yɛsesa
EXCHANGE
maleta
baage a wɔde nnoɔma gu mu
auto
kaa

idioma

kasa

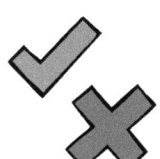

sí / no

aane / daabi

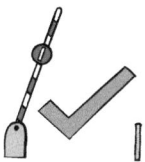

ok

Yoo

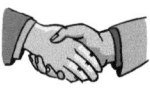

hola

hɛlo

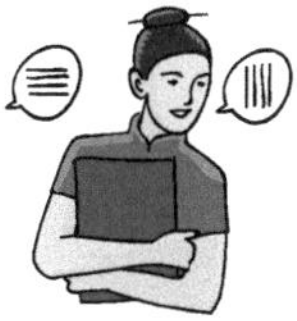

intérprete

deɛ wɔkyerɛkyerɛ kasa ase

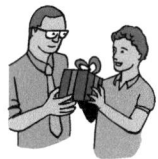

gracias

Medaase

¿Cuánto cuesta...?
... ɛyɛ sɛn?

No entiendo
Menteaseɛ

problema
ɔhaw

¡Buenas tardes!
Maadwo!

¡Buenos días!
Maakye!

¡Buenas noches!
Da yie!

adiós
nante yie

dirección
akwankyerɛ

equipaje
nnooma a wode tu kwan

bolso
kotokuo

mochila
baage a yɛde bɔ yakyi

invitado
ɔhɔhoɔ

cuarto
danmu

saco de dormir
bag a yɛda mu

tienda de campaña
ntomadan

viaje - akwantuo

información al turista
adesrafoɔ nsɛm

playa
po ano

tarjeta de crédito
krɛdit kaade

desayuno
anopa aduane

almuerzo
awia aduane

cena
anwumerɛ aduane

pasaje
tikiti

ascensor
pagya

sello
agyinahyɛdeɛ

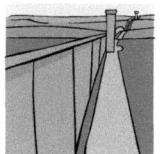
límite
ɛhyeɛ

aduana
adwumayɛfoɔ a wɔgyina aman mmienu hyeɛ so

embajada
ɔman bi asoeɛ

visa
akwantuo krataa

pasaporte
akwantuo krataa

viaje - akwantuo

transporte
ɛhyɛn

avión
ɛwiemhyɛn

barco
suhyɛn

coche de bomberos
afidie wɔde dum gya

bus
bɔs

camión
ɛhyɛn

lancha a motor
motoboto

bicicleta
dadepɔnkɔ

auto
kaa

balsa
subonto

lancha
suhyɛn

motocicleta
dadepɔnkɔ

auto de policía
apolisifoɔ kaa

auto de carreras
kaa a wɔde si akan

auto de alquiler
hyɛn aa yɛ hain

alquiler de autos

kaa a wɔde ma obi de di dwuma

grúa

kaa a wɔde twe ɛhyɛn a asɛe

vehículo recolector de basura

bɔɔla kaa

motor

moto

gasolina

ngo

gasolinera

beaɛ a wotɔn pɛtro

señal de tráfico

trafik ahyɛnsodeɛ

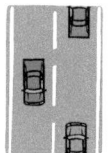

tránsito

trafik

atasco

ɛhyɛn ntumi nkɔ ntɛm

estacionamiento

kaa gyinabea

estación de tren

keteke steshin

carril

ketekye kwan

tren

ketekye

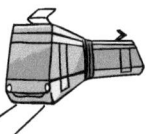

tranvía

ketekye

vagón

afidie a wɔtena mu wɔ wiem tu kwan

transporte - ɛhyɛn

helicóptero
ewiemhyɛn

aeropuerto
dadeɛanoma gyinabea

torre
dan tentene

pasajero
obi a wɔforo hyɛn

contenedor
adaka

caja de cartón
adaka

carro
teaseɛnam

cesta
kɛntɛn

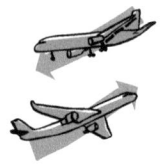

despegar / aterrizar
tu / si fam

ciudad
kuropɔn

aldea
akurase

centro de la ciudad
kuropɔn hyiabea

casa
efie

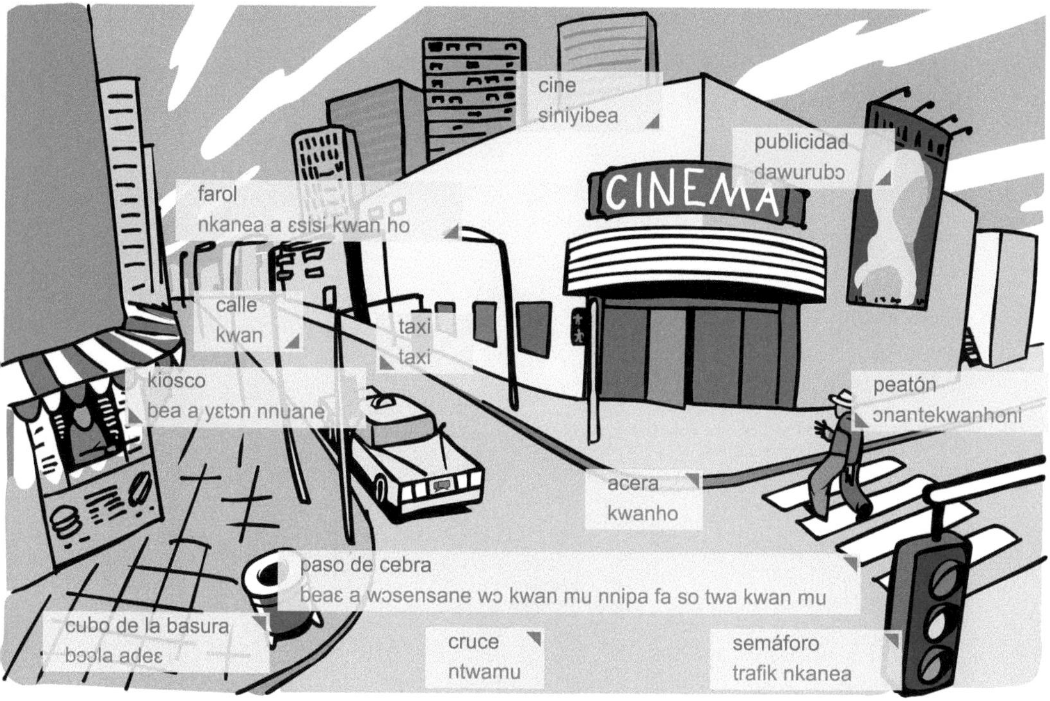

cine
siniyibea

publicidad
dawurubɔ

farol
nkanea a ɛsisi kwan ho

calle
kwan

taxi
taxi

kiosco
bea a yɛton nnuane

peatón
ɔnantekwanhoni

acera
kwanho

paso de cebra
beaɛ a wɔsensane wɔ kwan mu nnipa fa so twa kwan mu

cubo de la basura
boola adeɛ

cruce
ntwamu

semáforo
trafik nkanea

cabaña
ntaabodan

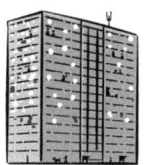

apartamento
tenabea

estación de tren
keteke steshin

ayuntamiento
kurom nhyiadanmu

museo
mesiɔm

escuela
sukuu

ciudad - kuropɔn

universidad
suapon kɛseɛ

banco
sikakorabea

hospital
asopiti

hotel
ahomegyebea

farmacia
beaɛ a wɔtɔn nnuro

oficina
ɔfise

librería
beaɛ a wɔtɔn nwoma

negocio
beaɛ a wɔtɔn adeɛ

florería
nhwiren kuani

supermercado
dwakɛseɛmu

mercado
dwamu

grandes almacenes
asoeɛ sotɔɔ

pescadería
nnam tɔnfo

centro comercial
adetɔ beae

puerto
suhyɛn gyinabea

parque
agodibea

banco
akonnwa

puente
nsamsɔɔ

escalera
adeɛ wɔee foro aborosan

metro
asaasease

túnel
tɔkuro a w'atu no asaase
mu de ayɛ kwan

parada de autobuses
ɛhyɛn gyinabea

bar
nsanombea

restaurante
adidibea

buzón de correo
krataa adaka

letrero
kwan ahyɛnsodeɛ

parquímetro
kaagyinaho meta

zoológico
mmoakurabea

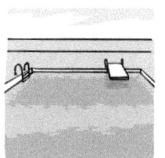

piscina
nsuo a wɔdware mu

mezquita
masalakyi

ciudad - kuropɔn

granja
afuo

polución
ewiem sɛɛɛ

cementerio
nsamanpɔ mu

iglesia
asore

parque infantil
agodibea

templo
hyiadan

paisaje
asaase

- hoja — ahaban
- indicador de camino — akyerɛkyerɛkwan
- sendero — kwan
- pradera — sare asaase
- piedra — boba
- árbol — dua
- caminante — pipo so foronii
- río — asubontene
- pasto — nsensan
- flor — nhwiren

paisaje - asaase

valle
εbɔn

montaña
bepɔ

lago
sutadeε

bosque
kwaeε

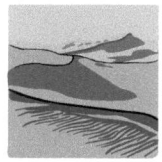
desierto
εserε so

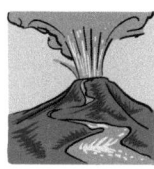
volcán
egya a εfiri bepɔ mu ba

castillo
ahenfie

arco iris
nyankontɔn

seta
mmire

palmera
abεdua

mosquito
ntontom

mosca
wasena

hormiga
ntatea

abeja
wowa

araña
ananse

paisaje - asaase

escarabajo
kukurubibi

rana
apɔnkyerɛnee

ardilla
opuro

erizo
kotoko

liebre
adanko

lechuza
patuo

pájaro
anomaa

cisne
dabodabo

jabalí
kɔkɔte

ciervo
wansane

alce
torɔm

embalse
sutadeɛ

aerogenerador
mframa tɛɛbain

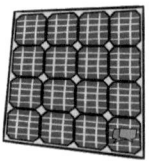
módulo solar
adeɛ ɛtwe anyinam ahoden firi awia mu

clima
ewiem

paisaje - asaase

restaurante
adidibea

camarero
barima a wɔsom wɔ beaɛ a wɔtɔn aduane

carta del menú
aduane ahodoɔ wɔtɔn

silla
akonwa

sopa
nkwan

pizza
pizza

cubiertos
atere ne nsikan a wɔde didie

mantel
ntoma a wɔde kata ɛpono so

entrada
ahyɛaseɛ

plato principal
aduane titriw

postre
nnɔkɔnnɔkwade

bebida
nsa

comida
aduane

botella
toa

restaurante - adidibea

comida rápida
aduane wɔyɛ no ɔhare so

comida callejera
aduana a ɛyɛ kwan ho

tetera
tea kukuo

azucarera
asikyire kyɛnsen

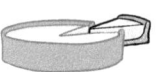
porción
fa

máquina de espresso
espresso afidie

silla alta
akonwa tenten

factura
ka krataa

bandeja
apanpan

cuchillo
sikanmoa

tenedor
adinam

cuchara
atere

cuchara de té
tea atere

servilleta
ntoma a wɔde sɛ pono so

vaso
ahwehwɛ

restaurante - adidibea

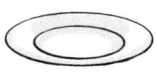
plato
plɛɛte

plato de sopa
nkwan plɛɛte

platillo
plɛte ketewa

salsa
frɔyɛ

salero
nkyene kukuo

molinillo para pimienta
adeɛ a wɔde twi mako

vinagre
vinegar

aceite
anwa

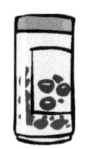
especias
atosodeɛ

ketchup
ketchup

mostaza
sinapi aba

mayonesa
mayonis

restaurante - adidibea

supermercado
dwakɛseɛmu

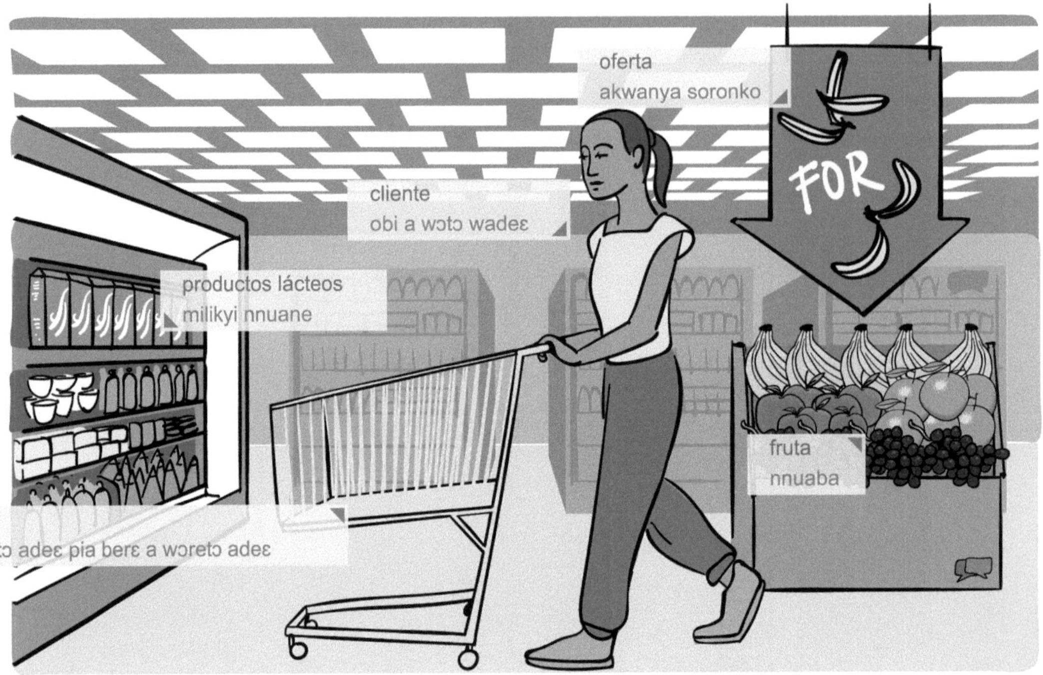

oferta
akwanya soronko
FOR
cliente
obi a wɔtɔ wadeɛ
productos lácteos
milikyi nnuane
fruta
nnuaba
tɔ adeɛ pia berɛ a wɔretɔ adeɛ

BUTCHERS

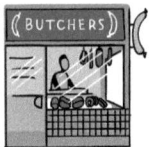

carnicería

nnamtwafo

BAKERY

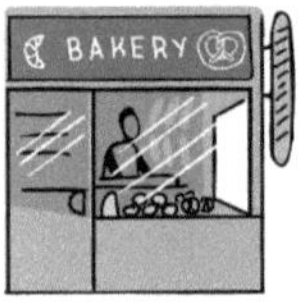

panadería

brodotofo

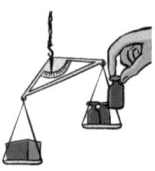

pesar

susu

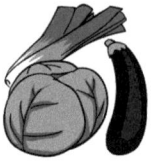

verdura

atosodeɛ

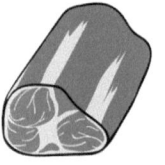

carne

nnam

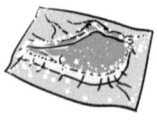

alimentos congelados

aduane a wɔde ahyɛ sukɔtwea adaka mu

fiambre

nnam a yɛy nwunu

conservas

nnuane a ɛwɔ konku mu

detergente en polvo

aduro a wɔde si nnooma

dulces

adɔkɔkɔdɔkɔdeɛ

artículos domésticos

efie nnooma

productos de limpieza

nnuro a wɔde hohoro nnooma ho

vendedora

adetɔni

caja

adeɛ a wɔgye sika de gu mu

cajero

obi a wɔhwɛ sika so

lista de compras

nnooma a wobɛtɔ

horario de atención

mmerɛ a ɔmo de bue

cartera

kɔtɔkuo

tarjeta de crédito

krɛdit kaade

maleta

botɔ

bolsa plástica

rɔba botɔ

supermercado - dwakɛseɛmu

bebida
nsa

agua
nsuo

jugo
aduaba mu nsuo

leche
milikyi

refresco de cola
coke

vino
nsa

cerveza
beer

alcohol
nsaden

cacao
kookoo

té
tea

café
kɔfe

espresso
espresso

cappuccino
cappuccino

comida
aduane

banana
kwadu

manzana
aprɛ

naranja
akutuo

sandía
mɛlɔn

limón
akutuo

zanahoria
karɔt

ajo
galeke

bambú
mpampuro

cebolla
gyeene

seta
mmire

nueces
nkateɛ

fideos
talia

espagueti
talia

arroz
ɛmo

ensalada
salad

patatas fritas
kyips

patatas salteadas
aborodwomaa w'akye

pizza
pizza

hamburguesa
hamburger

sándwich
sandwiɔh

escalope
ntwetwade

jamón
prɛko nam

salame
salami

embutido
sɔsegye

pollo
akokɔnam

asado
toto

pescado
nsuomunam

comida - aduane

copos de avena
oats koko

musli
muesli

copos de maíz tostado
cornflakes

harina
esam

croissant
croissant

panecillo
brodo a yabobɔ

pan
brodo

tostada
ho

galletas
biskit

mantequilla
bɔta

cuajada
koko

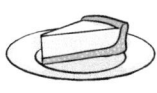
pastel
ɔfam

huevo
kosua

huevo frito
kosua a yakye

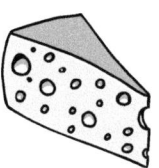
queso
kyeese

comida - aduane

helado
ise krim

azúcar
asikyire

miel
ɛwoɔ

mermelada
ɛam

praliné
kyɔkolate a wɔde yɛ aduane mu

curry
kɔri

comida - aduane

granja
afuo

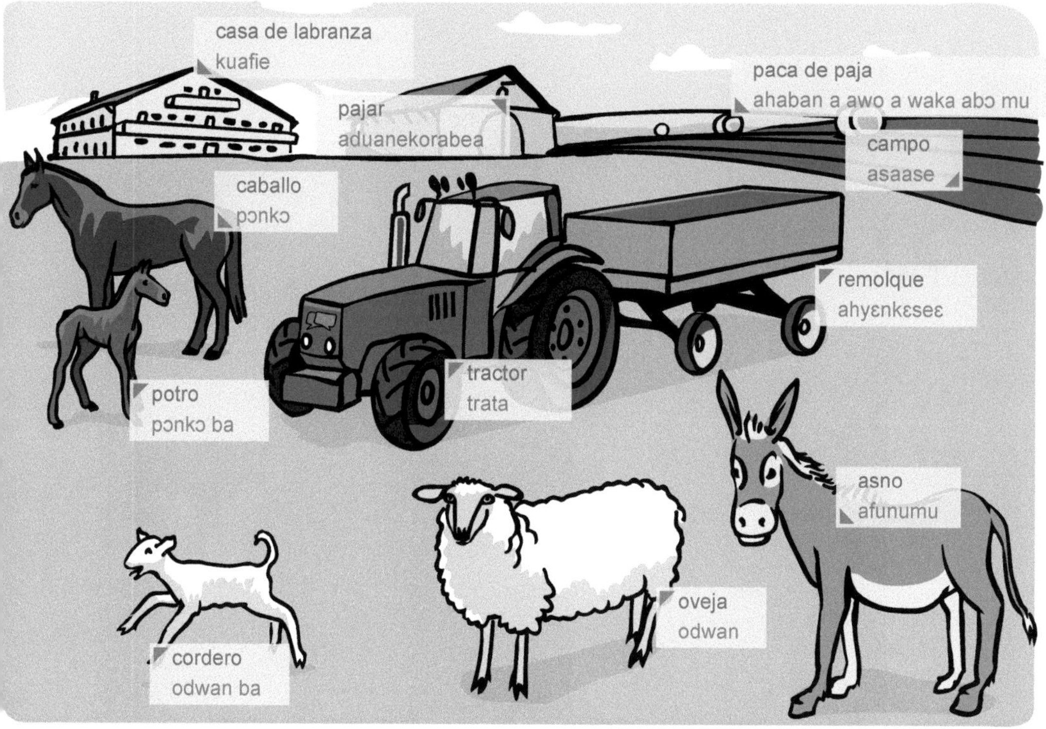

casa de labranza
kuafie

pajar
aduanekorabea

paca de paja
ahaban a awo a waka abɔ mu

caballo
pɔnkɔ

campo
asaase

remolque
ahyɛnkɛseɛ

potro
pɔnkɔ ba

tractor
trata

asno
afunumu

cordero
odwan ba

oveja
odwan

cabra
apɔnkye

vaca
nantwie

ternero
nantwie ba

cerdo
prɛko

lechón
prɛko ba

toro
nantwinini

ganso
dabodabo

pato
dabodabo

polluelo
akokɔba

pollo
akokɔbedeɛ

gallo
akokɔnini

rata
akura

gato
agyinamoa

ratón
akura

buey
nantwi

perro
ɔkraman

caseta del perro
kramanfie

manguera de riego
drobɛn a wɔde nsuo fa mu gugu nnooma so

regadera
toa wɔde nsuo gu mu de gugu nnooma so

guadaña
kantankrankyi

arado
afidie a wɔde funtum asaase ani

granja - afuo

hoz

sɔsɔwa

azada

asɔ

bieldo

fɔɔki kɛseɛ

hacha

akuma

carretilla

hweebaro

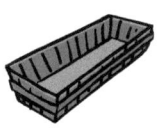

abrevadero

adea mmoa didi mu

lechera

milikyi konku

saco

kotoku

cerca

ɛban

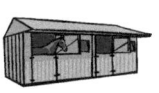

establo

mmoa dan

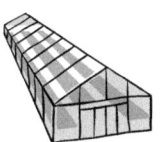

invernadero

nnuaba dan mu

suelo

anwea

semilla

aba

fertilizante

nnuro a wɔde gu mfudeɛ ho

cosechadora

nnuanetwa kaa kɛse

granja - afuo

cosechar
twa

cosecha
mfudeɛ

raíz de ñame
bayerɛ

trigo
ayuo

soja
soya

patata
aborɔdwomaa

maíz
aburo

colza
rapedua aba

Árbol frutal
aduaba dua

mandioca
bankye

cereales
aburo aduane

granja - afuo

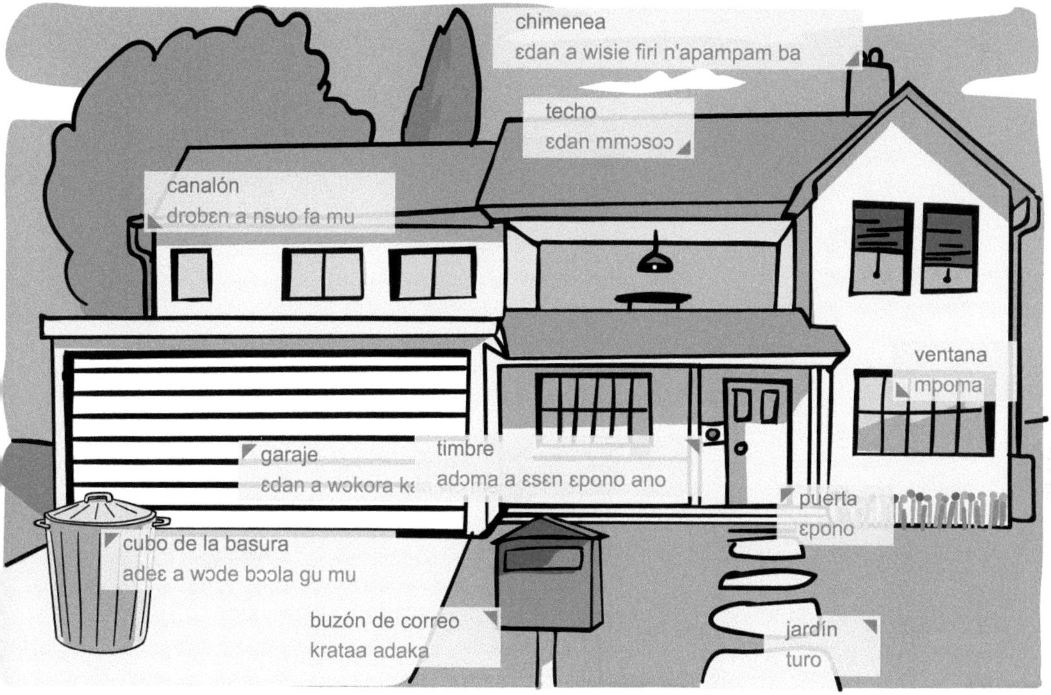

casa
efie

chimenea
ɛdan a wisie firi n'apampam ba

techo
ɛdcmm mmɔsoɔ

canalón
drobɛn a nsuo fa mu

ventana
mpoma

garaje
ɛdan a wɔkora kɛ

timbre
adɔma a ɛsɛn ɛpono ano

puerta
ɛpono

cubo de la basura
adeɛ a wɔde bɔɔla gu mu

buzón de correo
krataa adaka

jardín
turo

cuarto de estar
ɛdan a wɔtena mu

cuarto de baño
adwareɛ

cocina
gyaade

dormitorio
piam

cuarto de los niños
abɔfra dan mu

comedor
ɛdan a wɔdidi wɔ mu

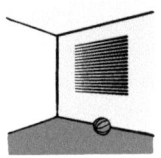

piso
fam

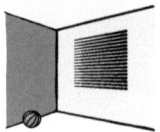

pared
ɛban

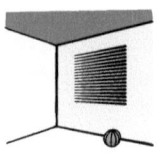

cielorraso
siilin

sótano
ɛdan a ɛhyɛ fam

sauna
beaɛ a wɔkoto hyew

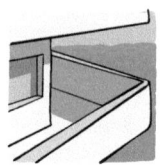

balcón
pɔɔkye

terraza
asaase a wafuntum na wɔde dua nnɔbaeɛ

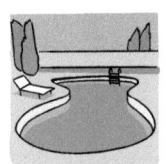

piscina
nsuo a wɔdware mu

cortacésped
afidie a wɔde dɔ

funda nórdica
krataa

edredón
nnasoɔ

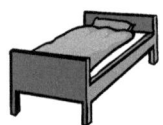

cama
mpa

escoba
praeɛ

cubo
bɔkiti

interruptor
deɛ wɔde sɔ kanea

casa - efie

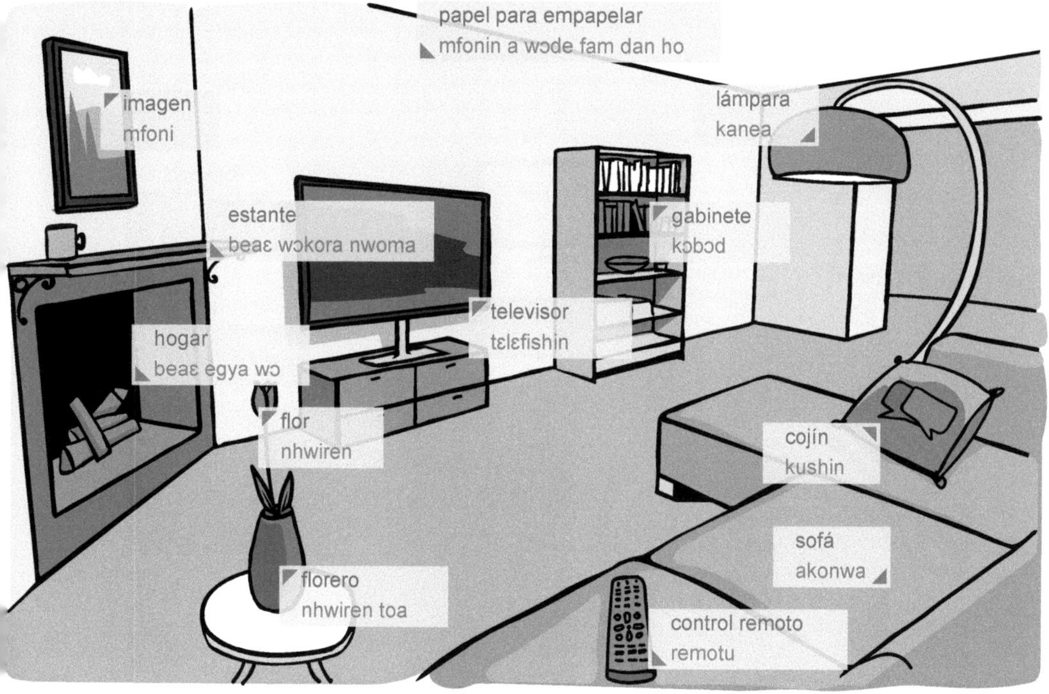

cuarto de estar
ɛdan a wɔtena mu

- papel para empapelar — mfonin a wɔde fam dan ho
- imagen — mfoni
- lámpara — kanea
- estante — beaɛ wɔkora nwoma
- gabinete — kɔbɔd
- hogar — beaɛ egya wɔ
- televisor — tɛlɛfishin
- flor — nhwiren
- cojín — kushin
- florero — nhwiren toa
- sofá — akonwa
- control remoto — remotu

alfombra
kapɛt

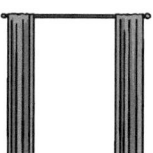

cortina
kɛtin

mesa
pono

silla
akonwa

mecedora
akonwa aa ɛkɔ anim ne akyi

sillón
nsaakonwa

libro nwoma	frazada kuntu	decoración beaɛ asiesie

leña egya	film mfoni	equipo estereofónico hi-fi afidie

llave safoa	periódico dawurubɔ krataa	cuadro akaado

póster mfoni	radio akasanoma	bloc de notas nwoma a wɔtwerɛ nsɛmpɔ gu mu
		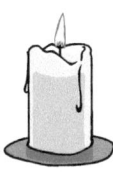
aspiradora afidie a wɔde pra mfuturo	cactus cactus	vela kandele

cuarto de estar - ɛdan a wɔtena mu

cocina
gyaade

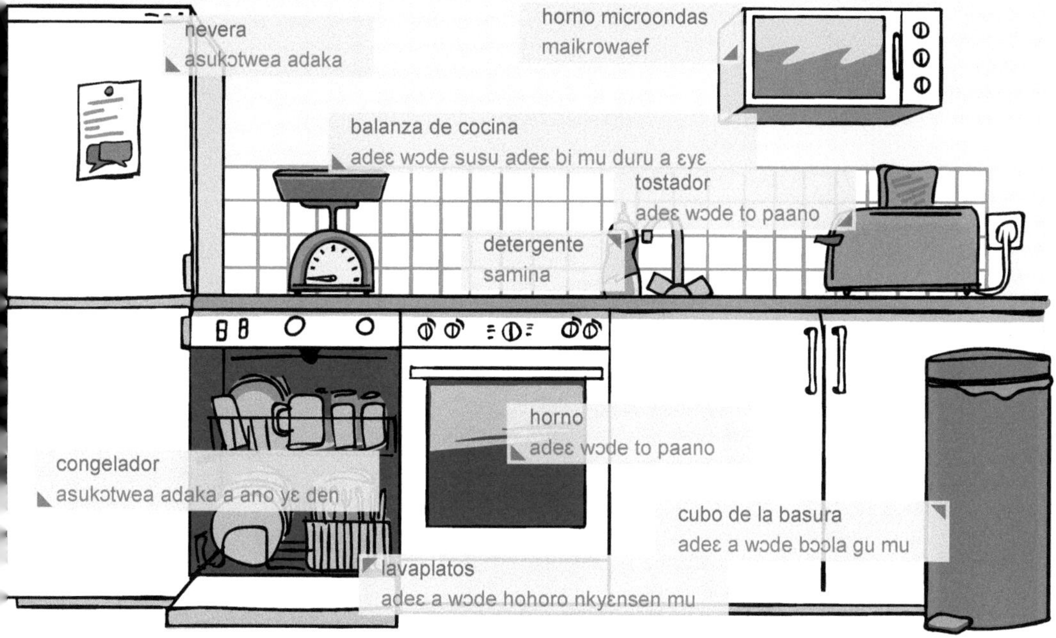

nevera
asukɔtwea adaka

horno microondas
maikrowaef

balanza de cocina
adeɛ wɔde susu adeɛ bi mu duru a ɛyɛ

tostador
adeɛ wɔde to paano

detergente
samina

horno
adeɛ wɔde to paano

congelador
asukɔtwea adaka a ano yɛ den

cubo de la basura
adeɛ a wɔde boɔla gu mu

lavaplatos
adeɛ a wɔde hohoro nkyɛnsen mu

cocina
adeɛ a wɔde noa aduane

olla
kukuo

olla de fundición de hierro
dadesɛn

wok / kadai
wok / kadai

sartén
pan

hervidor de agua
adeɛ wɔde noa nsuo

cocina - gyaade

olla de vapor

nea yɛde ka aduane hye

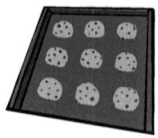

bandeja de horno

adeɛ wɔto so paano

vajilla

nkyɛnsen a wɔdidi mu

vaso

kuruwa

bol

kyɛnsen

palillos para comer

nnua a wɔde didie

cucharón de sopa

kwantere

espátula

atere

batidor

adeɛ wɔde nu adeɛ mu

colador

sɔneɛ

cedazo

sɔneɛ

rallador

adeɛ a wɔde twi adeɛ

mortero

waduro

parrillada

adeɛ a wɔde toto nam

fogata

egya a biribiara mmɔ ho ban

cocina - gyaade

tabla de picar
adeɛ a wɔtwitwa so nnɔɔma

rodillo
adea wɔde twi nnɔɔma

sacacorchos
adeɛ a wɔde tu toa ano

lata
konku

abrelatas
adeɛ wɔde bie konku so

agarrador
nea yɛde sɔ kukuo mu

fregadero
adeɛ a wɔhohoro nkyɛnse wɔ mu

cepillo
adeɛ a wɔde twitwi

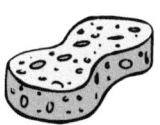
esponja
sapɔ

batidora
afidie wɔde yam nnuane

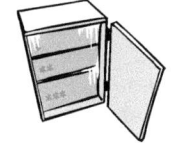
arcón congelador
asukɔtwea adaka a ano yɛ den

biberón
abɔfra toa

grifo
nsuo

cocina - gyaade

cuarto de baño
adwareɛ

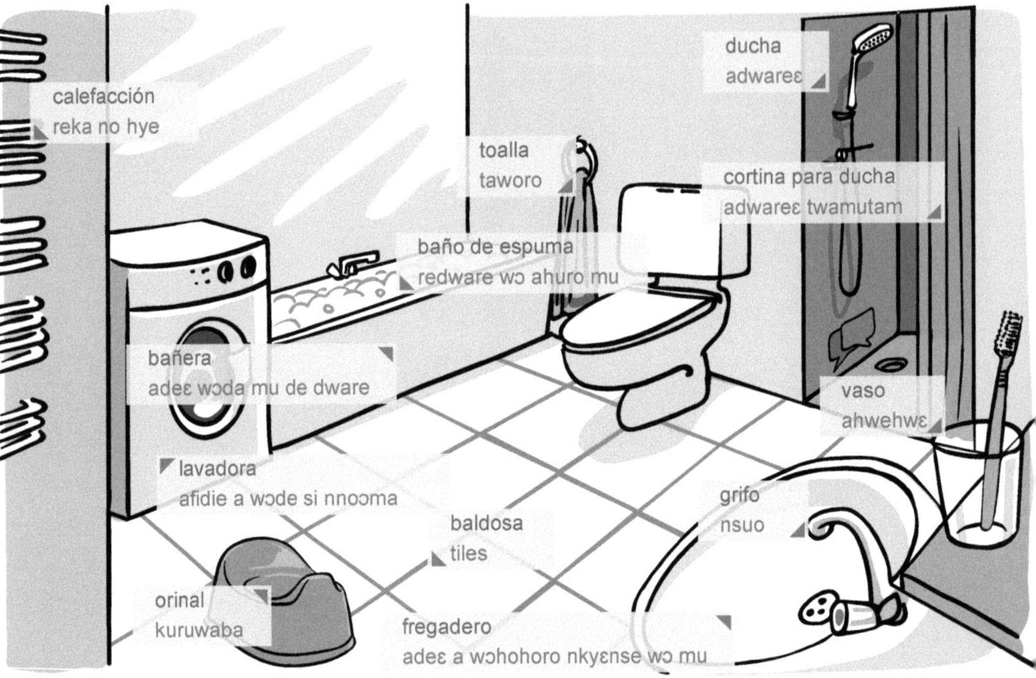

- calefacción
  reka no hye
- ducha
  adwareɛ
- toalla
  taworo
- cortina para ducha
  adwareɛ twamutam
- baño de espuma
  redware wɔ ahuro mu
- bañera
  adeɛ wɔda mu de dware
- vaso
  ahwehwɛ
- lavadora
  afidie a wɔde si nnɔɔma
- grifo
  nsuo
- baldosa
  tiles
- orinal
  kuruwaba
- fregadero
  adeɛ a wɔhohoro nkyɛnse wɔ mu

cuarto de baño
agyananbea

placa turca
agyananbea a wɔkotoso

bidé
bidet

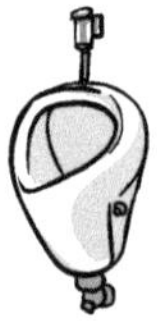

urinario
dwonsɔbea

papel higiénico
tiafi krataa

escobilla para el cuarto de baño
adeɛ a wɔde twitwi agyanbea

cuarto de baño - adwareɛ

cepillo de dientes

adeɛ wɔde twitwiri ɛse

pasta dentífrica

aduro wɔde twitwiri ɛse

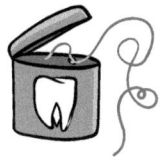

seda dental

adeɛ wɔde yiyi ɛse ntam

lavar

si

ducha teléfono

adeɛ wɔsɔ mu de dware

ducha higiénica

adeɛ nsuo fa mu na wɔde hohoro mmaa ase

cuenco

adeɛ wɔsi nnooma wɔ mu

cepillo para la espalda

adeɛ wɔde twitwi yakyi

jabón

samina

gel de ducha

adwareɛ samina

champú

deɛ wɔde hohoro tirinwii mu

manopla para baño

ntoma wɔde asaawa na ayɛ

desagüe

nsuokwan

crema

nkuu

desodorante

aduro a wɔde fa mmɔtoamu

cuarto de baño - adwareɛ

espejo
ahwehwɛ

espejo de maquillaje
ahwehwɛ kumaa

máquina de afeitar
yiwan

espuma de afeitar
aduro a wɔde yi

loción para después del afeitado
aduro a wɔde sera beaɛ wayi

peine
afe

cepillo
brɔsh

secador para cabello
afidie a wɔde ka nwii ma no wo

laca de peinado
adeɛ wɔde aduro gu mu de gu nwii so

maquillaje
adeɛ wɔde yɛn wɔn anim

lápiz labial
adeɛ wɔde keka ano

laca para uñas
aduro a wɔde ka mmɔwerɛ so

algodón
asaawa

tijera para uñas
apasoɔ a wɔde twitwa mmɔwerɛ

perfume
aduham

cuarto de baño - adwareɛ

neceser

baage a wɔde nnooma gu mu wɔ adwareɛ

taburete

akonwa

balanza

afidie a wɔde susu adeɛ bi mu duro

bata de baño

ataadeɛ wɔhyɛ berɛ a wɔrekɔdware

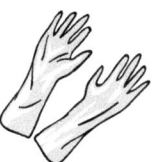

guantes de goma

adeɛ wɔde hyɛ wɔn nsa a wɔde rɔba na ayɛ

tampón

adeɛ wɔde twe nsuo firi pirakuro mu

compresa

deɛ mmaa de siesie wɔn ho berɛ wɔn abu wɔn nsa

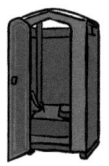

wáter químico

agyananbea a wɔde nnuro kora

cuarto de baño - adwareɛ

cuarto de los niños
abɔfra dan mu

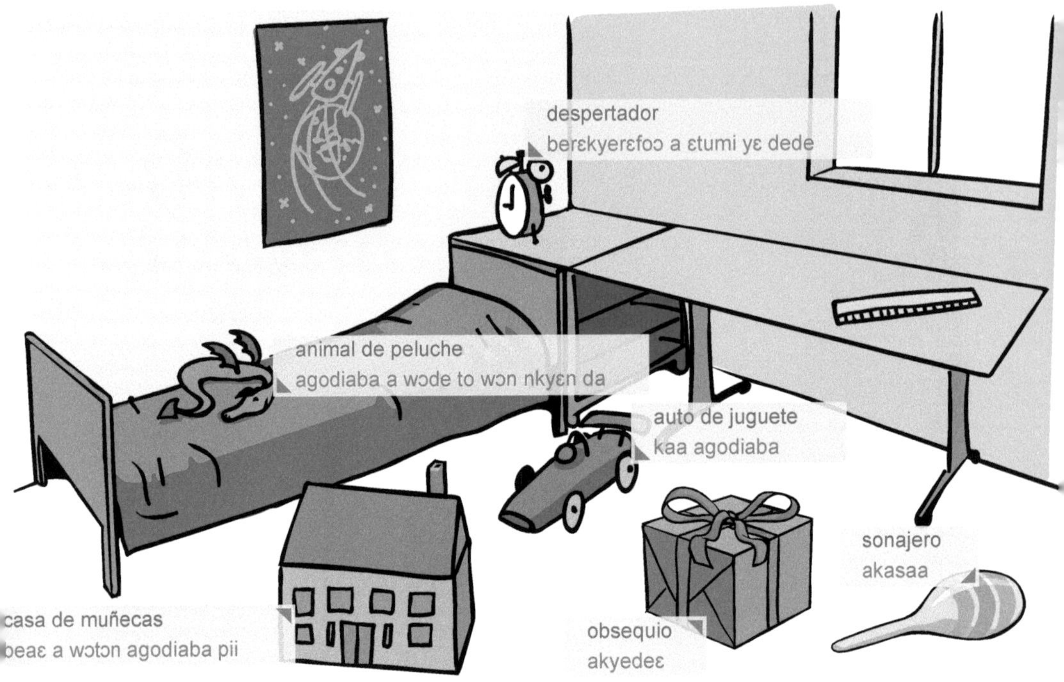

despertador
berɛkyerɛfoɔ a ɛtumi yɛ dede

animal de peluche
agodiaba a wɔde to wɔn nkyɛn da

auto de juguete
kaa agodiaba

casa de muñecas
beaɛ a wɔtɔn agodiaba pii

obsequio
akyedeɛ

sonajero
akasaa

globo
baluu

cama
mpa

cochecito para niños
adeɛ a wɔde mmɔfra to mu pia wɔn

juego de barajas
nkrataa a ɛhyɛ adaka mu

rompecabezas
mfonin asiniasini a wɔkeka si ani hyehyɛ

cómic
mmɔfra aseresɛm nwoma

piezas de Lego

lego bricks

bloques para jugar

blɔks a wɔde si dan

figura de acción

mmɔfra agodiaba

pijama de una pieza

mmɔfra ataade a wɔayɛ abɔ mu

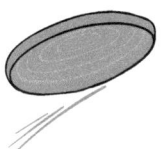

frisbee

frisbee

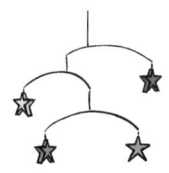

móvil

agodiaba a wɔde sensɛne mmɔfra mpa so

juego de mesa

agorɔ a ɛwɔ pono so

dado

ludu aba

tren eléctrico a escala

ketekye ketewa

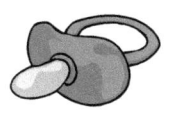

chupete

adeɛ a wɔde hyɛ mmɔfra anumu

fiesta

apontoɔ

libro de dibujos

krataa mfonin wɔ mu

pelota

bɔɔlo

títere

agodiaba

jugar

di agorɔ

cuarto de los niños - abɔfra dan mu

arenero

adeɛ wɔde anwea agu mu a mmɔfra di mu agorɔ

columpio

adonko

juguetes

agodiaba

consola de videojuego

afidie abɛɛfo agodie wɔ so a wɔbɔ

triciclo

dadepɔnkɔ a ne nan yɛ mmiensa

osito de peluche

sisire agodiaba

guardarropa

wɔdrop

vestimenta
ataadeɛ

calcetines

adeɛ a wɔhyɛ ansa na wahyɛ mpaboa

medias

ataade tenten a wɔhyɛ wɔ wɔn nan ho

panti

ataadeɛ a ɛkyekyere deɛ wahyɛ no

chal
duku

paraguas
kyiniɛ

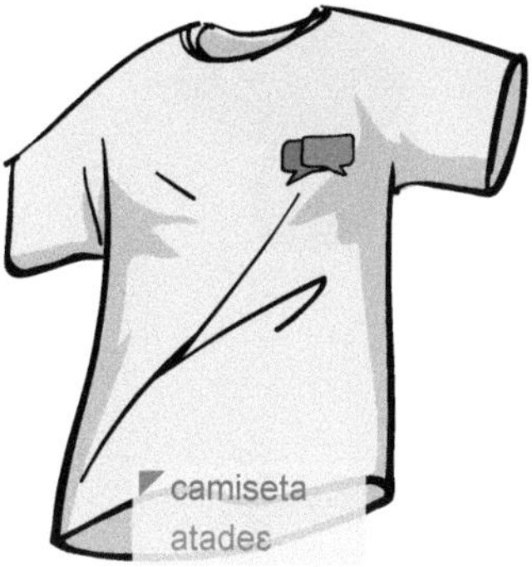

camiseta
ataded ɛ

cinturón
abɔmu

deportivas
mpaboa

botas
mpaboa

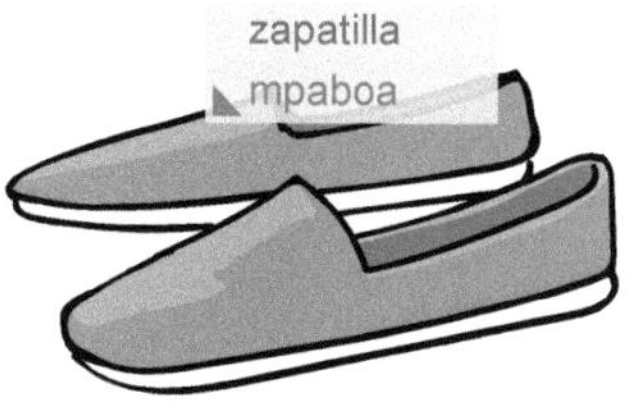

zapatilla
mpaboa

sandalias

mpaboa

zapatos

mpaboa

botas de goma

rɔba mpaboa

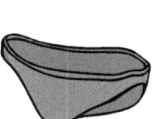

ropa interior

drɔs

corpiño

adeɛ mmaa hyɛ de kora
wɔn nufu

camiseta

fɛst

vestimenta - ataadeɛ

body
nipadua

pantalón
trɔsa

jeans
gyins

falda
skɛɛte

blusa
mmaa ataade soro

camisa
ataadesoro

pullover
swata

sweater
ataadeɛ a ɛkyɛ wɔ mu

blazer
kootu

chaqueta
ataade ngusoɔ

abrigo
kootu

impermeable
ataadeɛ wɔhyɛ berɛ nsuo retɔ

traje chaqueta
ataadehyɛ

vestido
ataadeɛ

vestido de bodas
ayifrɔ atadeɛ

vestimenta - ataadeɛ

traje
ataade nkatasoɔ

camisón
ataadeɛ a yɛhyɛ de da

pijama
pigyamas

sari
sari

pañuelo de cabeza
duku

turbante
duku

burka
ataadeɛ Nkramofoɔ mmaa hyɛ na ɛkata wɔn tiri so de kɔsi wɔn nan ase

caftán
kaftan

abaya
abaya

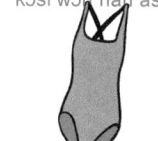

traje de baño
ataadeɛ a wɔhyɛ de dware nsuo mu

bañador
nika

shorts
nika

chándal
traksuit

delantal
ntoma a wɔde kata wɔn kɔnmu berɛ wɔreyɛ aduane

guante
adeɛ wɔde hyɛ wɔn nsa

vestimenta - ataadeɛ

botón
batin

gafa
ahwehwɛniwa

brazalete
adeɛ wɔde to wɔn nsa

cadena
kɔnmuade

anillo
kawa

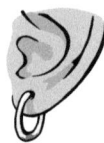
aro
asomadeɛ

gorra
ɛkyɛ

percha
adeɛ a wɔde kootu hyɛ so

sombrero
ɛkyɛ

corbata
abɔɔmenemu

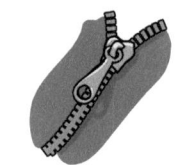
cierre a cremallera
zip

casco
ɛkyɛ a wɔhyɛ de twi motosakre

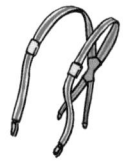
tiradores
bresis

uniforme escolar
sukuu ataadeɛ

uniforme
ataadeɛ

vestimenta - ataadeɛ

babero

adeɛ a wɔde gu abɔfra kɔn mu berɛ a wɔredidi

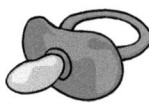

chupete

adeɛ a wɔde hyɛ mmɔfra anumu

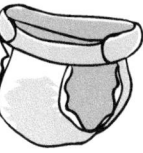

pañal

moase tam

oficina
ɔfise

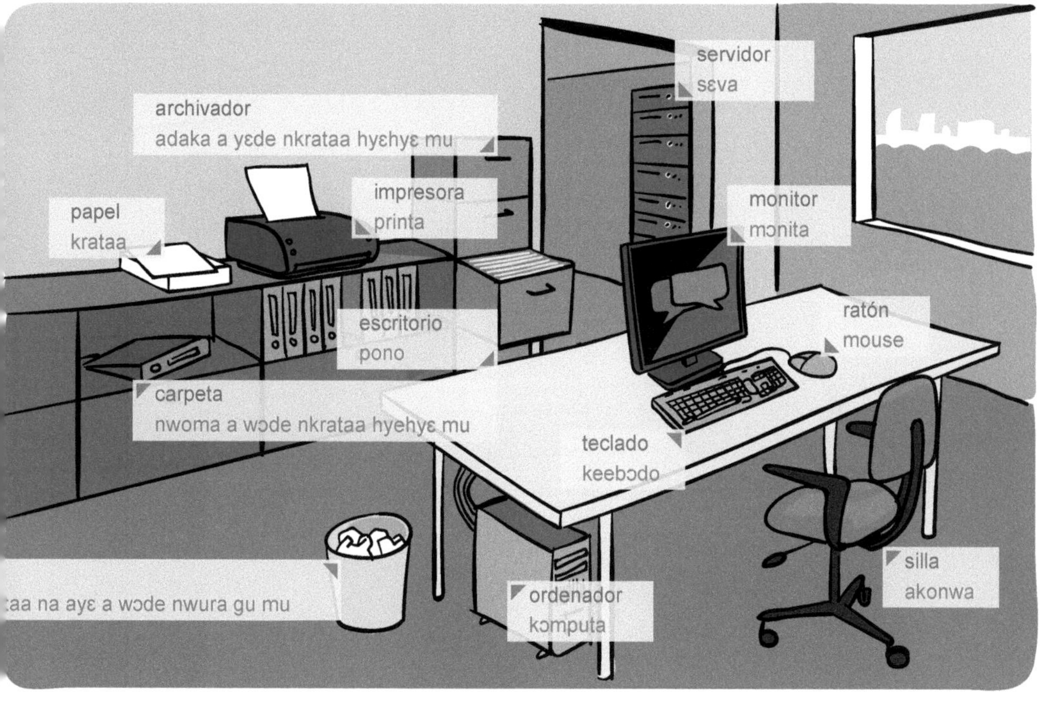

- servidor / sɛva
- archivador / adaka a yɛde nkrataa hyɛhyɛ mu
- impresora / printa
- papel / krataa
- monitor / mɔnita
- escritorio / pono
- ratón / mouse
- carpeta / nwoma a wɔde nkrataa hyɛhyɛ mu
- teclado / keebɔdo
- silla / akonwa
- taa na ayɛ a wɔde nwura gu mu
- ordenador / kɔmputa

taza de café

kɔfe kuruwa

calculadora

afidie a wɔde bu nkonta

internet

intanɛt

laptop
laptop

carta
krataa

mensaje
nkratoɔ

teléfono móvil
mobile

red
nɛtwɛk

fotocopiadora
fotokɔpia

software
sɔftwɛɛ

teléfono
tetefon

tomacorriente
plɔg sɔkɛti

máquina de fax
fax afidie

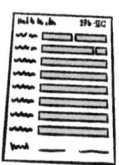
formulario
krataa

documento
krataa

oficina - ɔfise

economía
sikasem

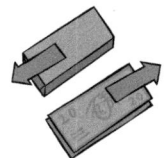
comprar
tɔ

pagar
tua

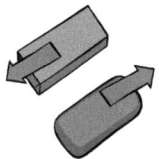
comerciar
tɔn

dinero
sika

dólar
dollar

euro
euro

yen
yen

rublo
rouble

franco
Swiss franc

renminbi
renminbi yuan

rupia
rupee

cajero automático
sikabea

economía - sikasem

casa de cambio

baabi aa yɛsesa

oro

sikakɔkɔɔ

plata

dwetɛ

petróleo

ngo

energía

ahoɔden

precio

ne boɔ

contrato

nteaseɛ a ɛwɔ krataa so

impuesto

ɛtoɔ

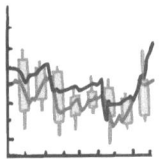

acción

stock

trabajar

yɛ adwuma

empleado

odwumayɛni

empleador

obi a wafa obi adwumamu

fábrica

afidihyehyɛbea

negocio

beaɛ a wɔtɔn adeɛ

economía - sikasem

ocupaciones
nnwuma ahodoɔ

policía
polisini

bombero
gyadumni

cocinero
obi a wɔnoa aduane

médico
dɔkota

piloto
obi a wɔtwi ewiemhyɛn

jardinero
kuani

carpintero
nnuaseni

costurera
ɔbaa a wɔpam adeɛ

juez
otɛnmuani

químico
dufrani

actor
siniyifoɔ

ocupaciones - nnwuma ahodoɔ

conductor de autobús

hyɛnkani

taxista

taxi drɔba

pescador

ɔfarifo

mujer de la limpieza

ɔbaa wɔpopa beaɛ

techista

obi a wɔbɔ dan so

camarero

barima a wɔsom wɔ beaɛ a
wotɔn aduane

cazador

ɔbɔmɔfo

pintor

obi wode akaado keka ɛden
ne nnoɔma aka ho

panadero

brodotofo

electricista

obi a wɔyɛ nkaneɛ ho
adwuma

albañil

dansifo

ingeniero

obi a wɔyɛ mfidie akɛseɛ ho
adwuma

carnicero

namtɔnfo

fontanero

obi a wɔhyehyɛ drobɛn a
nsuo fa mu

cartero

obi a wɔde nkrataa a
amanfoɔ atwerɛ soma no

ocupaciones - nnwuma ahodoɔ

soldado

ɔsrani

arquitecto

obi a wɔyɛ adansie ho adwuma

cajero

obi a wɔhwɛ sika so

florista

obi a wotɔn nhwiren

peluquero

obi a wɔyɛ tire

cobrador

deɛ wɔgyegye sika wɔ ɛhyɛn mu

mecánico

obi a wɔsiesie ɛhyɛn

capitán

panin

odontólogo

dɔkota a wɔhwɛ se

científico

abodeɛmu nyasapɛni

rabino

ɔkyerɛkyerɛni

imam

imam

monje

monk

párroco

sofo

ocupaciones - nnwuma ahodoɔ

herramientas
akadeɛ

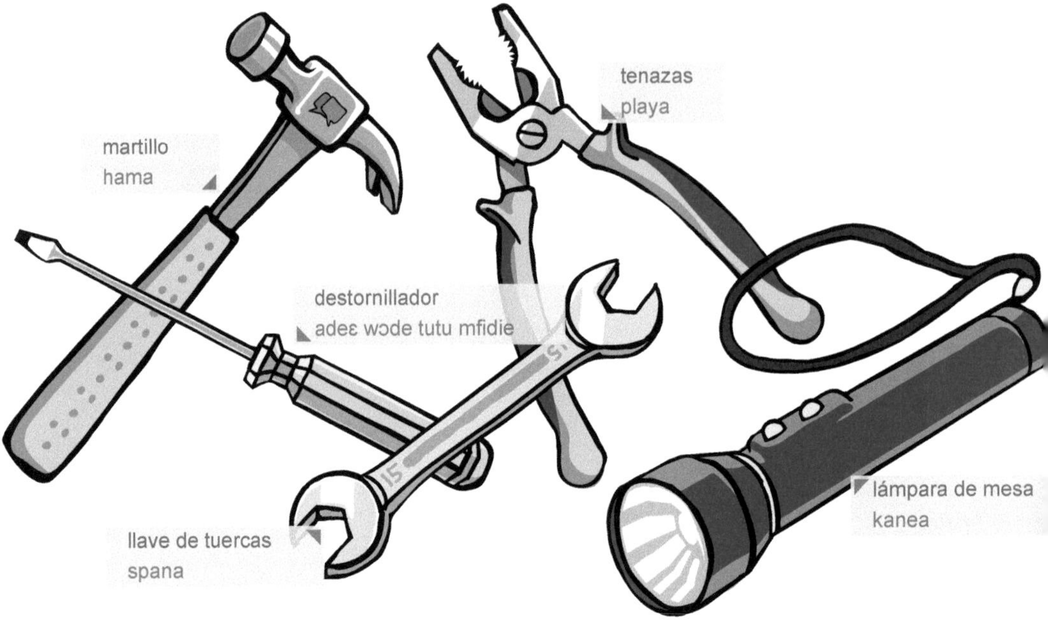

martillo
hama

tenazas
playa

destornillador
adeɛ wɔde tutu mfidie

llave de tuercas
spana

lámpara de mesa
kanea

excavadora

afidie a wɔde tu fam

caja de herramientas

adaka a wɔde nnooma a
wɔde yɛ adwuma gu mu

escalerilla

atwedeɛ

serrucho

sradaa

clavos

nnadowa

taladro

afidie a wɔde mmia nnooma
mu

reparar
siesie

pala
sɔfi

¡Maldición!
Yieee!

recogedor
asesa nwura

lata de pintura
akaado kora

tornillos
dadeɛ wɔde bobɔ nnɔɔma mu

instrumentos musicales
mfidie a wɔde bɔ nnwom

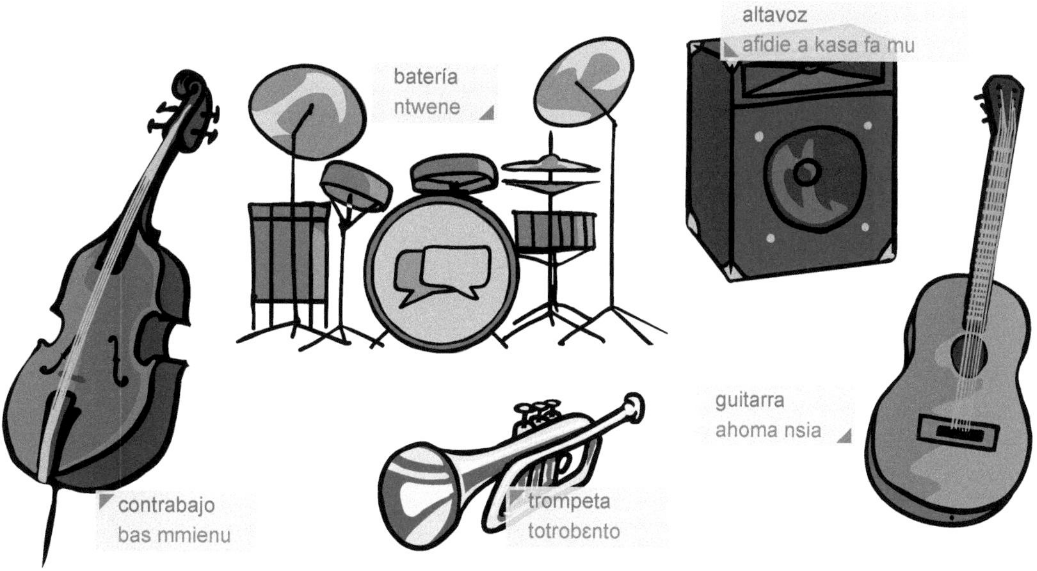

batería
ntwene

altavoz
afidie a kasa fa mu

guitarra
ahoma nsia

contrabajo
bas mmienu

trompeta
totrobɛnto

piano
sankuo

violín
sankuo

bajo
ahoma nsia

timbales
timpani

tambor
ntwene

teclado
sankuo

saxofón
sasofon

flauta
trobɛnto

micrófono
akasanoma

instrumentos musicales - mfidie a wɔde bɔ nnwom

zoológico
mmoakurabea

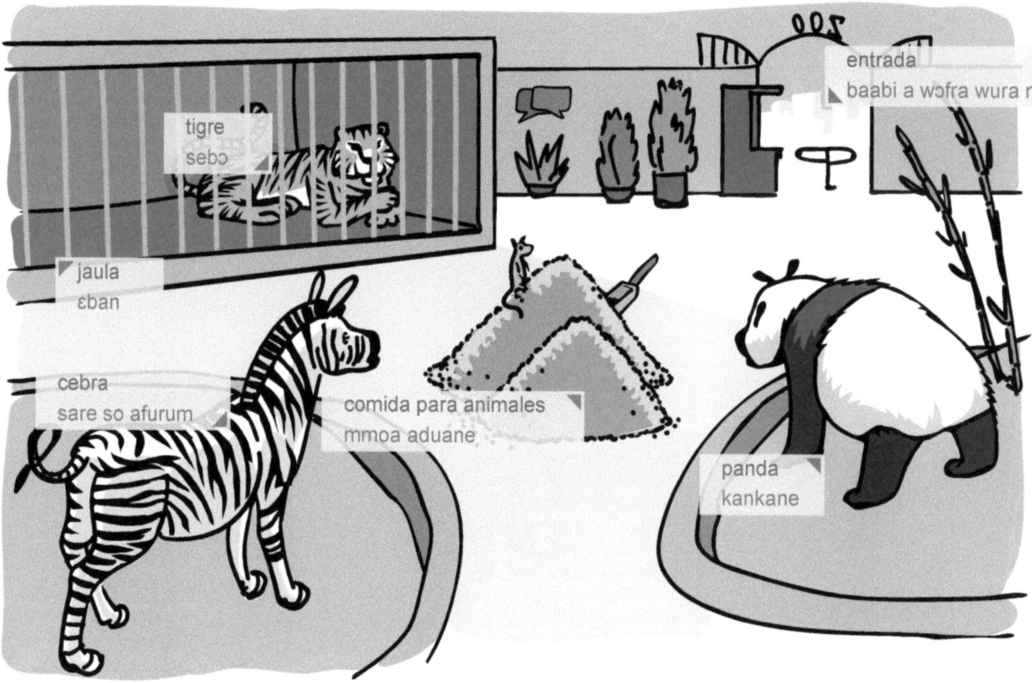

entrada
baabi a wɔfra wura m

tigre
sebo

jaula
ɛban

cebra
sare so afurum

comida para animales
mmoa aduane

panda
kankane

animales
mmoa

elefante
ɔsono

canguro
kangaroo

rinoceronte
bɛnkorɔ

gorila
akaatia

oso
sisire

camello
yoma

avestruz
sohori

león
gyata

mono
kontromfi

flamengo
asukɔnkɔn

papagayo
ako

oso polar
sisire

pingüino
penguin

tiburón
oboodede

pavo real
kohaa

serpiente
ɔwɔ

cocodrilo
dɛnkyɛm

cuidador del zoológico
mmoasohwɛfo

foca
sukraman

jaguar
sebɔ

pony
pɔnkɔ ketewa

leopardo
etwie

hipopótamo
susono

jirafa
kɔntenten

águila
ɔkɔdeɛ

jabalí
kɔkɔte

pescado
nsuomunam

tortuga
sudanda

morsa
sukraman

zorro
sakraman

gacela
adowa

zoológico - mmoakurabea

deporte
agokansie

actividades
dwumadie ahodoɔ

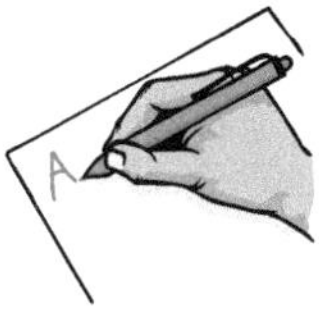

- saltar / huri
- cantar / to nwom
- abrazar / fam
- reír / sre
- caminar / nante
- rezar / bɔ mpaeɛ
- besar / fe ano
- soñar / so daeɛ

escribir
twerɛ

dibujar
dwidwi

mostrar
kyerɛ

presionar
pia

dar
ma

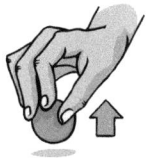

tomar
fa

actividades - dwumadie ahodoɔ

tener
gye

hacer
yɛ

ser
yɛ

estar de pie
gyina

correr
tu mirika

tirar
twe

arrojar
tɔ

caer
tɔ fam

estar acostado
twa ntorɔ

esperar
twɛn

llevar
soa

estar sentado
tena ase

vestirse
hyɛ atadeɛ

dormir
da

despertar
sɔre

actividades - dwumadie ahodoɔ

mirar
hwɛ

llorar
su

acariciar
fa wo nsa fefa ho

peinarse
nunu wotirim

conversar
kasa

entender
te aseɛ

preguntar
bisa

oír
tie

beber
nom

comer
didi

asear
siesie

amar
dɔ

cocinar
noa

conducir
ka kaa

volar
tu

actividades - dwumadie ahodoɔ

navegar
ka

calcular
bo ho nkonta

leer
kan

aprender
sua

trabajar
yɛ adwuma

casarse
ware

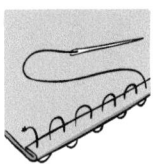
coser
pam

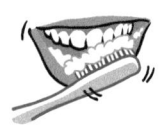
limpiarse los dientes
twitwi wo se

matar
kum

fumar
hye

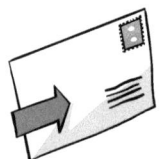
enviar
soma

actividades - dwumadie ahodoɔ

familia
abusua

- abuela — nanabaa
- abuelo — nana barima
- padre — papa
- madre — maame
- bebé — abɔfra
- hija — babaa
- hijo — babarima

invitado
ɔhɔhoɔ

tía
sewaa

tío
wɔfa

hermano
nua barima

hermana
nuabaa

cuerpo
nipadua

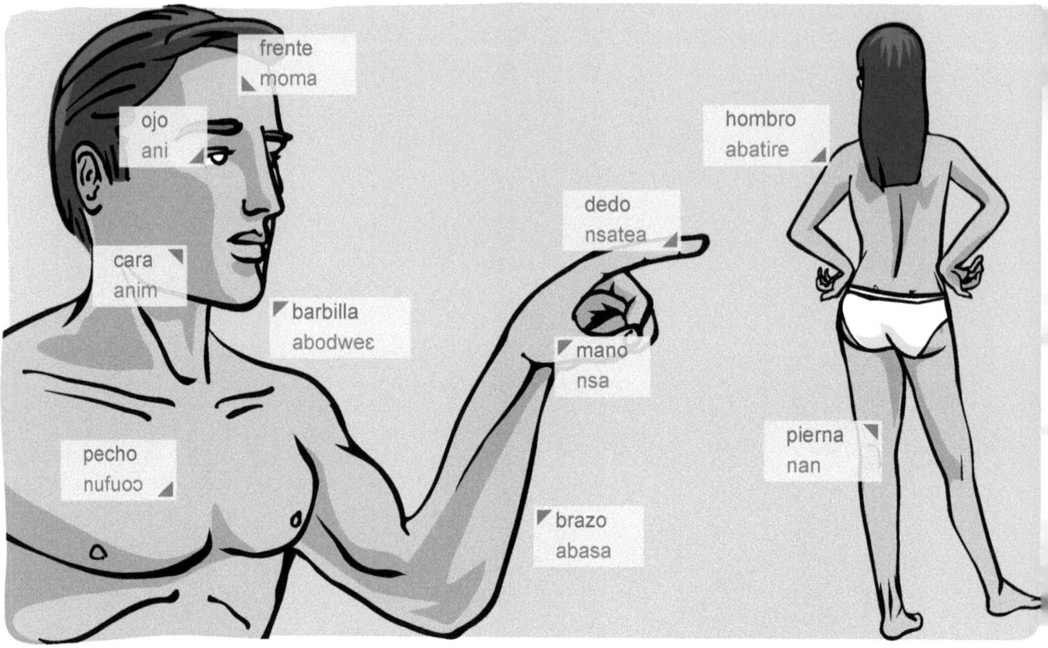

- frente / moma
- ojo / ani
- cara / anim
- barbilla / abodwɛ
- pecho / nufuɔ
- hombro / abatire
- dedo / nsatea
- mano / nsa
- brazo / abasa
- pierna / nan

bebé
abɔfra

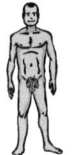

hombre
barima

mujer
ɔbaa

muchacha
abaayewa

joven
abarimaa

cabeza
ɛtire

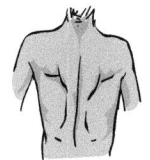

espalda
akyi

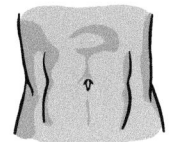

vientre
yafunu

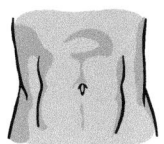

ombligo
furuma

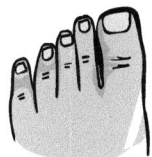

dedo del pie
nansoa

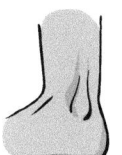

talón
nantini

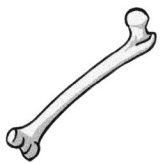

hueso
dompe

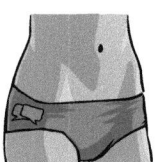

cadera
sisi

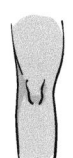

rodilla
kotodwe

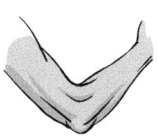

codo
abatwerɛ

nariz
hwene

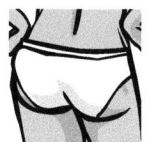

trasero
cotɜ

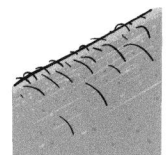

piel
wedeɛ

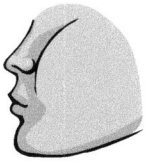

mejilla
afono

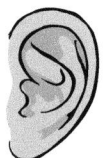

oreja
aso

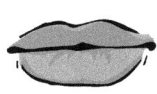

labio
ano

cuerpo - nipadua

boca
ano

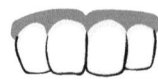
diente
ɛse

lengua
tɛkyerɛma

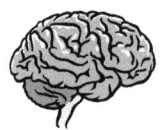
cerebro
adwene

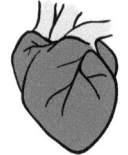
corazón
akoma

músculo
honam

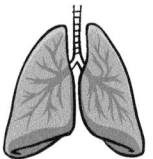
pulmón
ahrawa

hígado
brɛbɔɔ

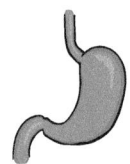
estómago
afuro

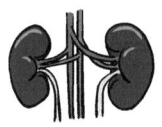
riñones
sawa

relación sexual
barima ne ɔbaa nna mu nhyiamu

condón
kɔndɔm

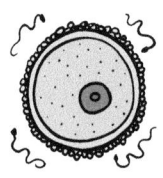
Óvulo
nkosua a ɛwɔ obaa mu

esperma
barima ho nsuo

embarazo
nyinsɛn

cuerpo - nipadua

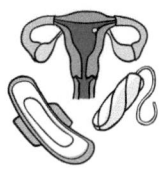
menstruación
brayɔ

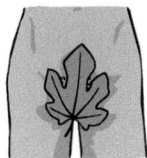
vagina
ɛtwɛ

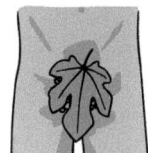
pene
kɔteɛ

ceja
aniakyi nwii

cabello
nwii

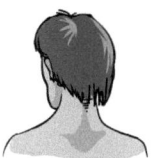
cuello
kɔn

cuerpo - nipadua

hospital
asopiti

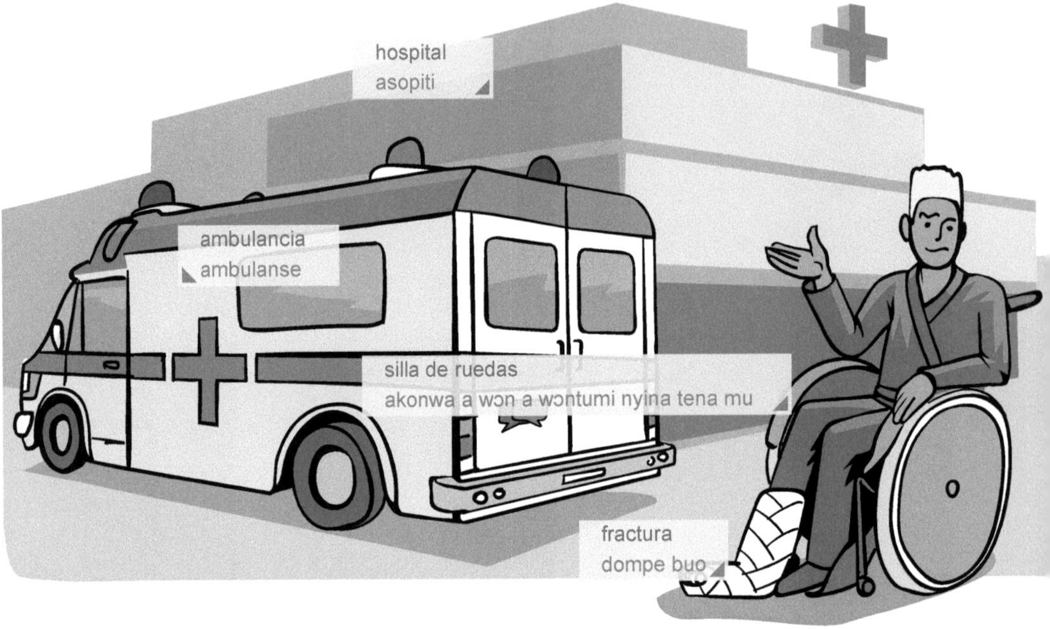

hospital
asopiti

ambulancia
ambulanse

silla de ruedas
akonwa a wɔn a wɔntumi nyina tena mu

fractura
dompe buo

médico
dɔkota

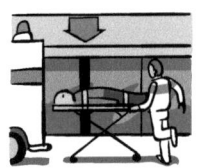

admisión de urgencia
ɛdan a wɔde wɔn a wɔn
apira kɔ mu kɔhwɛ wɔn
ɔhare so

enfermera
nɛɛse

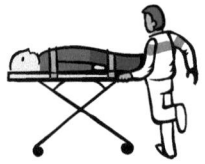

emergencia
putupru

inconsciente
fenti

dolor
yaw

lesión
pira

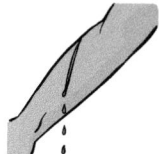

hemorragia
mogyatuo

infarto de miocardio
akoma yareɛ

apoplejía cerebral
nwodwoɔ yareɛ

alergia
adeɛ wo honam mpɛ

tos
ɛwa

fiebre
ahoɔhyeɛ

gripe
papu

diarrea
ayɛmhwie

dolor de cabeza
tiripayɛ

cáncer
kokoram

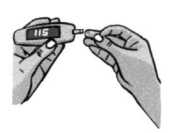

diabetes
asikyire yareɛ

cirujano
dɔkotani wɔpaepae obi sa no yareɛ

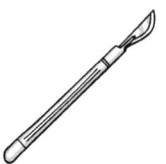

escalpelo
sekamma

operación
repaepae obi ho asa no yareɛ

hospital - asopiti

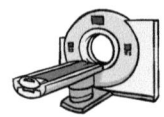
TC
CT

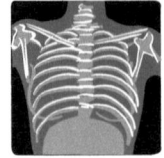
rayos X
x-ray

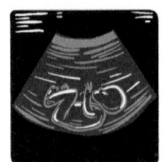
ultrasonido
mfonin a wɔtwa de hwɛ awodeɛ mu

máscara
anim nkatadeɛ

enfermedad
yareɛ

sala de espera
dan aa yɛtwɛn wɔ mu

muleta
klɔkye

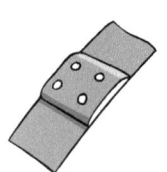
emplasto
plasta

vendaje
bandege

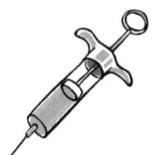
inyección
paneɛ

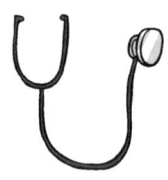
estetoscopio
afidie a wɔde tie dede wɔ nnipa ho

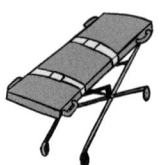
camilla
mpa

termómetro
afidie wɔde hwɛ ahoɔhyeɛ

nacimiento
awoɔ

sobrepeso
kɛseyɛ mmorosoɔ

hospital - asopiti

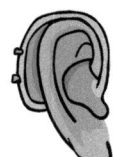

audífono

afidie a ɛboa ma obi te asɛm yie

desinfectante

aduro a wɔde ko tia yaremmoa bateria

infección

yareɛ nsaeɛ

virus

yaremmoawa

VIH / SIDA

HIV / AIDS

medicina

aduro

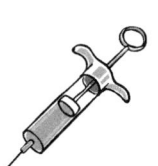

vacunación

nsianoaduru paneɛwɔ

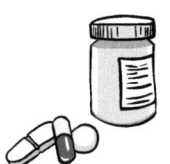

comprimido

nnuro a wɔmene

píldora anticonceptiva

aduro a wɔmene

llamada de emergencia

putupru frɛ

medidor de presión arterial

afidie a wɔde hwɛ sɛdeɛ mogya di aforosane

enfermo / saludable

yareɛ / ahuɔden

hospital - asopiti

emergencia
putupru

¡Ayuda!
Boa me!

alarma
alam

asalto
repira obi

ataque
to hyɛ biribi so

peligro
amaneɛ

salida de emergencia
kwan a wɔfa so pue berɛ asɛm asi putupuru

¡Fuego!
Egya!

extintor
adeɛ a wɔde dum gya

accidente
akwanhyia

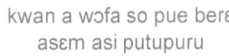

kit de primeros auxilios
mmoa a edikan akadeɛ

SOS
SOS

Policía
polisi

Tierra
Ewiase

Europa
Europe

América del Norte
North America

América del Sur
South America

África
Africa

Asia
Asia

Australia
Australia

Atlántico
Atlantic

Pacífico
Pacific

Océano Índico
Indian Ocean

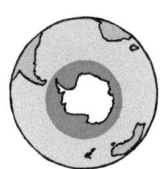
Océano Antártico
Antartic Ocean

Océano Ártico
Arctic Ocean

Polo Norte
North Pole

Polo Sur
South Pole

Antártida
Atartica

Tierra
Ewiase

país
asaase

mar
ɛpo

isla
ɛpoano

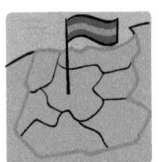
nación
ɔman

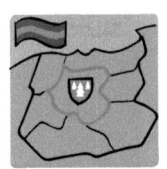
Estado
ɔman

reloj
mmerɛ kyerɛfoɔ

cuadrante
mmerɛ kyerɛfoɔ no anim

horario
dɔnhwere nsa

minutero
sima nsa

segundero
anitɛtɛ nsa

¿Qué hora es?
Abɔ sɛn?

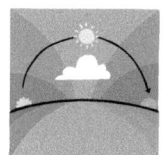

día
da

tiempo
mmerɛ

ahora
seisei ara

reloj digital
abɛɛfo mmerɛ kyerɛfoɔ

minuto
sima

hora
dɔnhwere

semana
nnawɔtwe

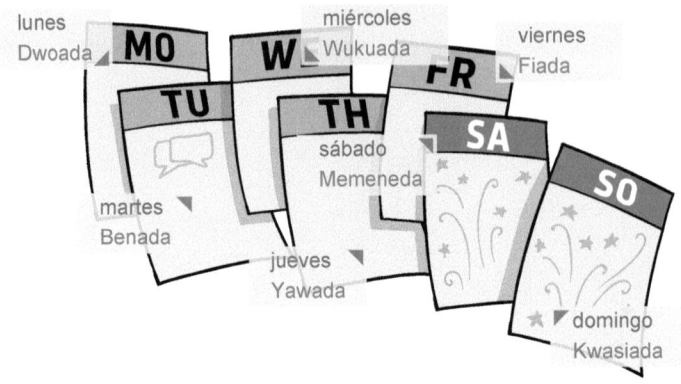

lunes
Dwoada

martes
Benada

miércoles
Wukuada

jueves
Yawada

viernes
Fiada

sábado
Memeneda

domingo
Kwasiada

ayer
ɛnora

hoy
nnɛ

mañana
ɔkyena

mañana
anɔpa

mediodía
awia

tarde
anwummerɛ

jornada de trabajo
adwuma nna

fin de semana
nnawɔtwe awieɛ

semana - nnawɔtwe

año
afe

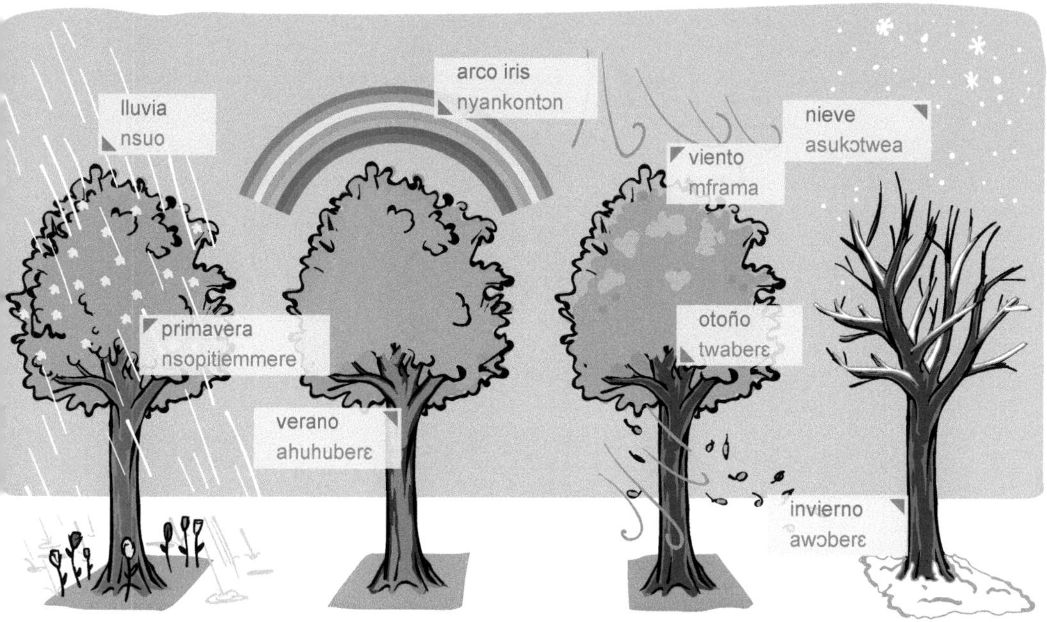

lluvia
nsuo
arco iris
nyankontɔn
nieve
asukɔtwea
viento
mframa
primavera
nsopitiemmere
otoño
twaberɛ
verano
ahuhuberɛ
invierno
awɔberɛ

4.APRIL 11°
5.APRIL 4°
6.APRIL 13°
7.APRIL 8°
8.APRIL 10°

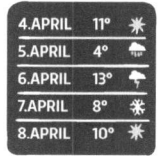

pronóstico meteorológico

ewiemu nsesaeɛ

F C
120 40
90 30
60 20
30 10
0 0
-30 -10
-20

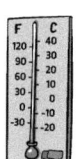

termómetro

afidie a wɔde hwɛ ahoɔhyeɛ

luz solar

awiabɔ

nube

munumkum

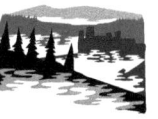

niebla

ɛbɔ

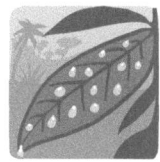

humedad ambiente

nsuo a ɛwɔ mframa mu

relámpago
ayerɛmo

trueno
agradaa

tormenta
nsuden ne mframa

granizo
sukɔtwea

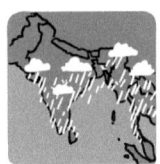
monzón
mframa a ɛde nsuo ba

inundación
nsuyiri

hielo
asukɔtwea

enero
ɔpɛpɔn

febrero
ɔgyefoɔ

marzo
ɔbɛnem

abril
Oforisuo

mayo
Kotonimaa

junio
Ayɛwohumumɔ

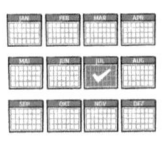
julio
Kitawonsa

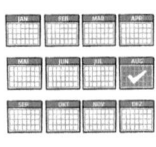
agosto
ɔsanaa

año - afe

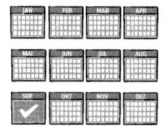
septiembre
ɛbɔ

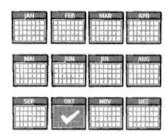
octubre
Ahinime

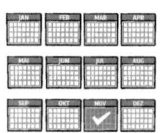
noviembre
Obubuo

diciembre
Ɔpɛnimaa

formas
bɔbea

círculo
kanko

cuadrado
ahenanan

rectángulo
fasene

triángulo
ahinasa

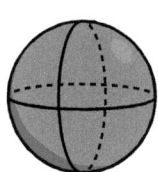
esfera
kanko

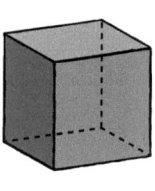
cubo
ahenanan

colores
ahosuo

blanco
fitaa

amarillo
akokɔsradeɛ

anaranjado
akokɔsradeɛ

rosa
memen

rojo
kɔkɔɔ

lila
beredum

azul
bibire

verde
ahabanmono

marrón
dodoeɛ

gris
nson

negro
tuntum

opuestos
abirabɔ

mucho / poco
bebree / ketewa

enojado / calmado
abufuo / brɛo

bonito / feo
fɛfɛɛfɛ / tantantan

comienzo / fin
ahyɛasee / awieɛ

grande / pequeño
kɛseɛ / ketewa

claro / oscuro
ɛhyerɛ / ɛdum

hermano / hermana
nua barima / nuabaa

limpio / sucio
ɛho te / ɛfi

completo / incompleto
wawie / onwieeyɛ

día / noche
anopa / anadwo

muerto / vivo
wawu / ɔtease

ancho / angosto
emu bue / emu mmueɛ

disfrutable / no disfrutable

yetumi di / yentumi nni

malo / amigable

bɔne / papa

excitado / aburrido

anigyeɛ / w'ani nka

gordo / delgado

kɛseɛ / hwea

primero / último

di kan / ka akyi

amigo / enemigo

adanfo / atanfo

lleno / vacío

ayɛ ma / hwee nnimu

duro / suave

dendenden / mrɛmrɛmrɛ

pesado / liviano

emu ye duru / emu yɛ ha

hambre / sed

ɛkɔm / nsukɔm

enfermo / saludable

yareɛ / ahuɔden

ilegal / legal

ɛnfa mmrakwanso / mmrakwanso

inteligente / tonto

nimdifo / gyimifo

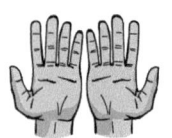

izquierda / derecha

benkum / nifa

cercano / lejano

ɛbɛn / ɛmu ware

opuestos - abirabɔ

nuevo / usado
foforo / dada

nada / algo
ɛnyɛ hwee / biribi

viejo / joven
panyin / abɔfra

encendido / apagado
sɔ / dum

abierto / cerrado
bue / yatom

bajo / fuerte
dinn / dede

rico / pobre
sikani / ohiani

correcto / incorrecto
papa / bɔne

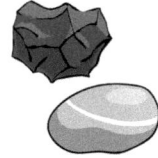

áspero / liso
wewerɛwewerɛ / tromtrom

triste / alegre
awerehoɔ / anigye

breve / extenso
tiatia / tentene

lento / veloz
brɛoo / ntɛm

mojado / seco
afɔ / awo

caliente / frío
ɛyɛ hye / adwo

guerra / paz
ntɔkwa / asomdwoe

opuestos - abirabɔ

números
nɔma

0 cero / ohunu

1 uno / baako

2 dos / mmienu

3 tres / mmiensa

4 cuatro / nan

5 cinco / num

6 seis / nsia

7 siete / nson

8 ocho / nwɔtwe

9 nueve / nkron

10 diez / du

11 once / du-baako

12
doce
du-mmienu

13
trece
du-mmiensa

14
catorce
du-nan

15
quince
du-num

16
dieciséis
du-nsia

17
diecisiete
du-nson

18
dieciocho
du-nwɔtwe

19
diecinueve
du-nkron

20
veinte
aduonu

100
cien
ɔha

1.000
mil
apem

1.000.000
millón
ɔpepe

números - nɔma

idiomas
kasa ahodoɔ

inglés
Brofo kasa

inglés estadounidense
Amerika Brɔfo

chino mandarín
Chinese Mandarin

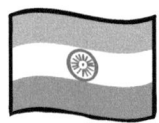

hindi
Hindi

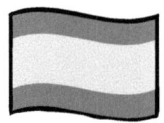

español
Spanish

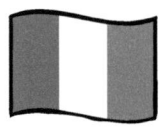

francés
French

árabe
Arabic

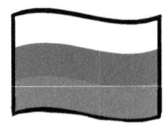

ruso
Russian

portugués
Portuguese

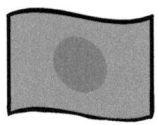

bengalí
Bengali

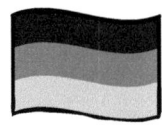

alemán
German

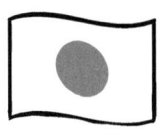

japonés
Japanese

quién / qué / cómo
hwan/aden/ sɛn

yo
me

tú
wo

él / ella
ɔno

nosotros
yɛn

vosotros
wo

ellos
wɔn

¿quién?
hwan?

¿qué?
aden?

¿cómo?
sɛn?

¿dónde?
ɛhefa?

¿cuándo?
dabɛn?

nombre
din

donde
hefa

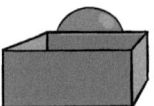

detrás
n'akyi

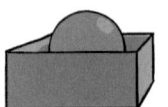

en
ɛmu

delante de
wɔ n'anim

encima de
soro

sobre
so

debajo de
aseɛ

junto a
nkyene

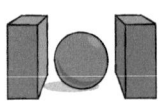

entre
ntam

lugar
fa hyɛ